La Disputa de Barcelona

Rabi Moshe Ben Najman - Ramban

Titulo Original: Igueret a Ramban

Traducción,Edición y Revisión por

A.N, U.T, Y.R.

info@bnpublishing.com

www.bnpublishing.com

Prólogo

En el año 1263 tuvo lugar en Catalunia la siguiente disputa. El rey Jaime I de Aragón, llamado "el Conquistador" (1208-1276) llamó a Pablo Cristiano de Montpellier, quien defendió el lado Cristiano. Por los judíos participo en la discusión Rab Moshe Ben Najman (Najmanides, conocido como Rambán).

Los temas principales de la disputa fueron:

- Si el Mesías ya ha venido según enseña la fe de los cristianos o si él ha de venir en un futuro según enseña la fe de los judíos.

- Si el Mesías es Di-s o si es un ser humano común nacido de un hombre y de una mujer.

- Y por último si los judíos mantienen la Torá[1] verdadera o si los cristianos la realizan.

La Disputa de Barcelona fue traducida al español desde su original hebreo, el cual esta impreso en el libro Kitbey a Najmanides Vol. 1

No tenemos ninguna duda de la veracidad de lo que relato Rab Moshe ben Najman, conociendo como sus enemigos lo vigilaban, el no hubiese arriesgado su vida escribiendo algo falso sabiendo que esto podría llamar la atención del rey.

Los Judíos no creemos que Jesús fue Rey de Israel, un Profeta, el Mesías ni mucho menos Di-s...

---

[1] La Torá se compone de los libros de Génesis, Éxodo, Levítico, Números y Deuteronomio, es también conocida como El Pentateuco o Los cinco libros de Moisés.

Esta escrito en los libros cristianos:

"Y conocerán la verdad, y la verdad
los hará libres"
 (Juan 8:32)

Los invitamos a conocer la
Verdad...

La Disputa de Barcelona

[1] Leemos en Sanhedrín (43b)[2]: Han enseñado los sabios: cinco discípulos tuvo Iéshu (Jesús)[3] - Mattay, Nakay, Nétzer, Buny y Todá[4].

---

[2] Esta porción del Talmud fue censurada por la iglesia

[3] Iéshu (Jesús) HaNotzrí. La literatura talmúdica lo describe como hijo de un romano llamado Pandera (Tosef. Julín II,24; Abodá Zará 17a, Orígenes, Contra Celso 1.28). Su madre Miriam estaba casada con un judío de nombre Papús Ben Judá y en la ciudad de Punbedita adulteró con Pandera (Shabat 104b; según el comentario de Rashí), de esta relación nació Jesús. Llegó a ser discípulo de Rabí Josué Ben Perajia (Sotá 47a, Ab. Zar. 17a) a quien acompañó a Egipto; viaje en el cual aprendió diversas artes de brujerías. A causa de su comportamiento no ético Rabí Josué lo alejó de él (Sanhedrín 43a).

[4] Mattay, abreviación de Matitiyahu (Mateo); Nakay al parecer Lucas; Nétzer; Buny o Bunay; Todá, adaptación de Taday (Tadeo).

He pensado escribir estas líneas en contra de las burlas de fray Paúl[5], quien también demostró su falta de educación, precisamente delante del rey, de sus sabios y consejeros

¡Que sea elevada su gloria y enaltecido su reinado!

Rab Moshe ben Najman

---

[5] De manera oficial esta disputa se realizó entre Najmánides y Pablo Cristiano de Montpellier, a quien nuestro rabino llama "fray Paúl" (en la pronunciación catalana, el nombre Pablo, se pronuncia "Pol"). Del texto se entiende, no obstante, que la discusión incluyó también a los frailes presentes y al propio rey, a todos los cuales Najmánides tuvo que responder.

Primer día: Viernes 20 de Julio de 1263 [En el palacio del rey]

[2] El rey[6] me ordenó discutir públicamente con fray Paúl en su palacio, delante de él mismo y delante de sus consejeros en Barcelona. Le respondí diciendo: He de hacer según la orden de mi señor el rey, si me dan permiso para expresarme libremente. Este permiso lo solicito del rey y también de fray Ramón de Peñaforte[7] y de todos sus colegas que están aquí presentes.

---

[6] El rey en cuestión es Jaime I de Aragón, llamado "el Conquistador" (1208-1276). Vivió una vida de constantes guerras, contra su propia familia por razones de la soberanía sobre Cataluña, contra los franceses para evitar la invasión sobre su reino, contra los árabes peninsulares, etc. La capital de su reino la ubicó en Barcelona, donde se llevó a efecto la disputa, que comenzó el 20 de julio de 1263 y duró cuatro días (20, 23, 26, y el 27 de julio).

[7] Fray Ramón de Peñaforte, confesor del rey y una de los más influyentes sacerdotes de la corte.

[3] Respondió fray Ramón: "Con la condición que no te expreses irrespetuosamente".

[4] Les repliqué: No es mi intención comenzar un pleito con ustedes, sólo solicito expresarme libremente con respecto a esta disputa así como ustedes se expresan libremente. Yo sé comportarme de manera ética (en lo referente a la disputa, como ustedes piden), no obstante mi deseo es expresarme libremente. Y todos me dieron permiso para que hablara libremente.

[5] Por lo tanto dije: Existe una disputa entre cristianos y judíos sobre muchos temas y sobre muchas costumbres relacionadas con la religión, que no obstante no son un fundamento sobre el cual se basa la fe. De tal modo, yo deseo discutir en esta honorable corte sólo sobre temas que sean relevantes.

[6] Todos respondieron: "Has hablado correctamente". Así, estuvimos de acuerdo en referirnos al Mesías, si ya ha venido según enseña la fe de los cristianos o si él ha de venir en un futuro según enseña la fe de los judíos. Después

trataremos el tema si el Mesías es Di-s o si es un ser humano común nacido de un hombre y de una mujer. Como tercer punto hablaremos si los judíos mantienen la Torá verdadera o si los cristianos la realizan.

[7] Entonces se levantó fray Paúl y dijo que él pretendía comprobar del propio Talmud que el Mesías ya ha venido, como los profetas atestiguan sobre él.

[8] Le respondí: No obstante, antes que discutamos sobre esto quiero que me enseñe y me diga (fray Paúl) cómo es esto posible. Ya que desde que él se dirigió a Provenza y a otros muchos lugares he escuchado que ha declarado esto a los judíos, sobre lo cual yo me sorprendo muchísimo. Quiero que me responda si es que él pretende decir que los sabios del Talmud creyeron que Jesús es el Mesías, y que ellos sostienen que él es hombre completo y Di-s verdadero según el pensamiento de los cristianos.

Sin embargo, es algo conocido y verídico que toda la historia de

Jesús ocurrió durante la época del segundo Templo y antes de la destrucción del mismo nació y fue muerto. Los sabios del Talmud vivieron después de la destrucción del Templo, como Rabí Akiba y sus colegas; incluso aquellos que fueron los últimos en enseñar la Mishná: Rabí y Rabí Nathán, vivieron mucho después de la destrucción; así como también Rab Ashi que compiló el Talmud y lo escribió, él vivió casi cuatro cientos años después.

Y si aquellos sabios hubieran creído en el mesianismo de Jesús y que esto es verdad y su fe y su religión son verdaderas, y si hubieran escrito las aseveraciones que fray Paúl sostiene que nos probará de sus escritos; si es así, ¿cómo se mantuvieron y vivieron según la religión de los judíos y según sus costumbres primeras? Ya que ellos eran judíos y se mantuvieron como tales toda sus vidas y murieron como judíos; ellos y sus hijos y sus discípulos que escucharon todas las enseñanzas que dictaron [entonces, ¿Por qué no cambiaron y se fueron tras la religión de Jesús? Así como hizo fray Paúl que entendió de las palabras de los cristianos que su fe es la verídica, JALILA (Di-s no lo permita), y fue y se convirtió convencido por sus palabras. No obstante, ellos y sus discípulos] vivieron y murieron como judíos; ellos fueron los que nos enseñaron la ley de Moisés, la ley judía, ya que todos nuestros actos hoy en día se dirigen según el Talmud, según lo que vimos en los sabios del Talmud que así actuaban y así se comportaban, desde el día que se compiló el Talmud y hasta nuestros días. El Talmud nos enseña la forma de comportarnos según la Torá y conforme a los mandamientos, así nos declara cómo actuaban nuestros antepasados en tiempos del Templo según como escucharon de las enseñanzas de los profetas, quienes recibieron de parte de Moisés, nuestro maestro. Y si ellos creían en Jesús y en sus opiniones ¿Cómo no se comportaron ellos de la manera que hizo fray Paúl, que parece entender sus enseñanzas mejor que ellos mismos?

[9] Contestó fray Paúl y dijo: Este es un discurso exageradamente

largo que tiene por intención anular la disputa.

[10] Entonces yo les declaré: para mi, esto es una comprobación completa que [fray Paúl] no habla sobre temas reales, sólo las he de escuchar porque es así la voluntad de su majestad el rey.

[11] Él enseguida dijo: He aquí que está escrito: *"no se ha de apartar el cetro de Judá... hasta que venga Shiló"* (Génesis 49:10), el cual es el Mesías. Estudiamos de aquí que según el testimonio del profeta[8] siempre Judá tendrá fuerza (reinado) hasta la venida del Mesías que surge de él. Así hoy que no tienen ni un solo cetro ni un solo legislador, ya ha venido el Mesías, el cual proviene de su descendencia (de Judá), a él le pertenece el dominio.

[12] Contesté y dije: No es la intención del profeta expresar que el reinado de la dinastía de Judá no se anule en algún momento, sino que su intención es decir que no se

---

[8] Jacob.

anulará por completo de él, es decir en toda época que exista monarquía en Israel le corresponde a Judá por derecho. Si por causa de los pecados del pueblo se anula la monarquía, cuando retorne retornará a Judá. Una comprobación de lo anterior es el hecho que hubo muchos momentos, antes de la aparición de Jesús, hubo monarcas sobre Israel que no pertenecían a la tribu de Judá[9], e incluso por muchos lapsos de tiempo se anuló la monarquía tanto de Israel como de Judá, así es el caso de los setenta años del exilio en Babilonia en los cuales no hubo monarquía ni en Judá ni en Israel. Del mismo modo, durante la época del segundo Templo no reinó sobre Judá sino Zorobabel y sus hijos y por un período de tiempo muy breve. Luego de él transcurrieron 380 años hasta la destrucción del segundo Templo[10], período durante el cual

---

[9] Desde que murió Salomón, Judá dejó de reinar sobre todo Israel.

[10] La hegemonía griega duró 180 años desde la construcción del segundo Templo, la monarquía de los Hasmoneos se extendió por 103 años, la casa de Herodes por unos 103 años, en total 386 años. Mesullam, el hijo de Zorobabel murió al comienzo del reinado de Alejandro Magno. Najmánides menciona la

reinaron Kohanim[11], los hijos de los Hasmoneos y luego sus esclavos[12]. Cuanto más si el pueblo está en el exilio, ya que si no hay pueblo, no hay rey.

[13] Respondió fray Paúl: En todas aquellas épocas, a pesar que no había reyes, había reinado, pues así se declara en el Talmud[13]: *"no se ha de apartar el cetro de Judá"* - estos son los exilarcas que hubo en Babel que solían presionar al pueblo con su cetro, *"ni el legislador de entre sus pies"* - estos son los hijos de los hijos de Hilél que enseñan la Torá al público. Hoy en día no tienen la autorización conocida en el Talmud, por lo tanto se anuló también aquel gobierno, por ende no existe hoy alguien a quien se le pueda denominar ***"rabí"*** [maestro en hebreo]. Eso que a ti te llaman ***"maestre"*** [maestro en catalán] es un error, y tú llevas tal nombre mentirosamente.

---

cifra 380 para redondear.
[11] Sacerdotes judíos, descendientes de la tribu de Leví y no de la tribu de Judá.
[12] Herodes y sus descendientes.
[13] Sanhedrín 5a.

[14] Le respondí como burlándome de él: Esto no es parte de la disputa, no obstante tú no estás diciendo algo correcto. El término "rabí" no significa "maestre", sino que "rab" es "maestre", y en el Talmud solían llamar "rab" a todo aquel que carecía de autorización[14]; no obstante, estoy de acuerdo contigo que no soy "maestre" ni siquiera un buen alumno. Le expresé lo anterior como una amonestación moral.

Después volví a decirle: te enseñaré que no es la intención de nuestros sabios, de bendita memoria, explicar el versículo sobre una monarquía real, el problema contigo es que no comprendes ni de ley ni de legislación, sino tal vez entiendas algo de algunos relatos que te acostumbraste a leer. El tema en cuestión que mencionaron los sabios se refiere a que según el dictamen estricto de la ley una persona no puede juzgar él solo y quedar exento de pagar, salvo que pida permiso del presidente del

---

[14] Sanhedrín 13b. Cuando recibió la autorización en la ciudad se denomina "rabí" - en Babilonia, que no tenían derecho a otorgar autorizaciones. El resto de los sabios eran llamados "rab".

Sanhedrín o del rey. Así, se dictaminó que durante el período de exilio, que es posible encontrar descendencia real[15] en aquel que reciba un poco de autoridad de parte de los gobiernos gentiles, por ejemplo los exiliarcas de Babilonia y los presidentes del Sanhedrín en la tierra de Israel, ellos tienen en sus manos permitir y autorizar. Este dictamen se aplicó por los sabios del Talmud, después de Jesús, por más de cuatrocientos años.

No es la opinión de los sabios del Talmud que deba ser el gobernante o el legislador descendiente de la tribu de Judá; no obstante lo que el profeta le prometió a Judá es que la monarquía le pertenecería siempre. Le prometió una monarquía plena. No obstante, la monarquía se anuló, como ya mencioné, ya que durante el período del exilio en Babilonia no hubo ni gobernante ni legislador. Así durante el período del segundo Templo que gobernaron los Kohanim y sus esclavos, no tuvo la tribu de Judá ningún tipo de gobierno, ni exiliarca ni presidente del Sanhedrín, ya que la presidencia

---

[15] Es decir, que sean descendientes de la casa de David (de la tribu Judá).

22

del propio Sanhedrín y la monarquía perteneció a los Kohanim, a sus jueces y a sus oficiales, a aquellos que ellos estimaban conveniente.

[15] Entonces respondió fray Pere de Génova: es verdad que el versículo sólo declara que no se interrumpirá [la monarquía] para siempre, pero puede que haya interrupciones momentáneas. "Vacare" en vernacular.

[16] Le dije al rey: He aquí fray Pere ha ratificado mis palabras.

[17] Entonces dijo fray Pere: Yo no he ratificado nada. Ya que setenta años en Babilonia es un lapso corto de tiempo y muchos hubo entre ellos que aun recordaban el primer Templo, como se declara en el libro de Esdras[16] - esto se llama "anular", "vacare" en el idioma local. Pero ahora que ustedes están más de mil años sin monarquía, esto se llama eliminación total.

---

[16] Esdras 3:12.

[18] Le repliqué: Ahora tú te arrepientes y reconoces que el término "eliminación" no corresponde aplicarlo a algo que retorna; no obstante, no hay diferencia para lo expresado por el profeta entre un lapso de tiempo pequeño o extenso. Además los períodos de tiempo que yo mencioné[17] fueron extensos.

Nuestro patriarca Jacob no sólo prometió a Judá que tendría gobierno y legislador sobre su propia tribu, sino que le pertenece la monarquía sobre todo Israel, como se declara: *"Tú eres Judá, tus hermanos te reconocerán..."*[18]; leemos también: *"Porque Judá fue más fuerte que sus hermanos y de él procede un líder..."*[19]. No obstante, se anuló la monarquía sobre todas las tribus de Israel después de la muerte del rey Salomón, como se declara: *"No hubo monarquía después de la casa del rey David sino sobre la tribu de Judá únicamente"*[20]. Según lo anterior es

---

[17] Durante la era del Segundo Templo la tribu de Judá no reinó sobre Israel.
[18] Génesis 49:8.
[19] 1 Crónicas 5:2.
[20] 1 Reyes 12:20.

24

claro que el profeta solamente dijo que no se anularía la monarquía totalmente. Por lo tanto, durante el período del exilio no se puede denominar ni "eliminación" ni "anulación" [sino interrupción], ya que no ocurrió por culpa de Judá sino por el comportamiento del pueblo, ya que no prometió el profeta a Judá que Israel no marcharía al exilio.

[19] Volvió fray Paúl y argumentó que en el Talmud se ha expresado que el Mesías ya ha venido, para comprobarlo trajo aquel relato que se encuentra en el Midrash sobre Lamentaciones[21] sobre aquella persona que estaba arando y su vaca mugió de pronto, en aquel momento pasó un árabe y le dijo: ¡judío, hijo de judíos, suelta tu vaca, suelta su yunta, suelta tu arado, porque el Templo ha sido destruido! Entonces él soltó su vaca, soltó su yunta, soltó su arado. Después volvió su vaca a mugir de pronto; el árabe le dijo esta vez: ¡ata tu vaca, ata tu yunta, ata tu arado, porque tu Mesías ha nacido!

---

[21] Eijá Rabati 1:51, sobre el versículo: "por estos yo me lamento...".

[20] Le respondí: yo no creo en este relato, no obstante es una comprobación a mis palabras.

[21] Entonces ese hombre gritó y me dijo: Vean que éste reniega de sus propios libros.

[22] Le respondí: Ciertamente yo no creo que haya nacido el Mesías en la época en que se destruyó el Templo; ahora, este relato o que no es verdadero o que tiene alguna explicación según las profundidades de los sabios. Pero estoy dispuesto a aceptarlo en forma literal, como dijiste, ya que es una comprobación a lo que sostengo. He aquí, este relato dice que el día de la destrucción después que el Templo fue destruido, en aquel día nació el Mesías; entonces Jesús no es el Mesías como ustedes predican ya que él nació y fue muerto antes de la destrucción del Templo; según cálculos verdaderos él nació como doscientos años antes de esto, y según los cálculos de ustedes unos setenta y tres años. Entonces ese hombre se quedó callado.

[23] Entonces acotó maestre Guilles, el juez del rey, y dijo: la disputa no versa ahora sobre Jesús, sino que la pregunta es si el Mesías ha venido o no. Tú dices que no ha venido y ese libro de ustedes declara que si ha venido.

[24] Le dije: Has escogido, como es costumbre entre ustedes, responder en forma mentirosa, de todos modos les contestaré sobre este tema. Los sabios no han dicho que el Mesías ya ha venido, sino que dijeron que ya ha nacido; del mismo modo como el día que nació Moisés, de bendita memoria, no se considera que haya venido ni que haya sido el libertador; en cambio cuando vino donde el faraón, mandado por Di-s, y le dijo que así había declarado Di-s: *"Deja salir a mi pueblo..."*[22], entonces se considera realmente que vino.

Del mismo modo con el Mesías, cuando venga donde el Papa y le diga mandado por Di-s que deje salir a mi pueblo, entonces diremos que ha venido. Hasta ahora todavía no ha venido, tampoco se lo puede calificar de Mesías. Así, David el

---

[22] Éxodo 8:1.

rey el día que nació no era rey ni ungido, en cambio el día que Samuel lo ungió entonces pasó a ser el ungido[23]. Por lo tanto, el día que Elías unja al Mesías[24], por orden de Di-s, se llamará Mesías; y en el momento que se dirija, después de su unción, donde el Papa para liberarnos entonces corresponderá decir que ha venido.

[25] Entonces argumentó aquel hombre: He aquí la porción del profeta que habla del siervo sufriente[25] relata que el Mesías ha de morir en manos de sus enemigos y será ajusticiado entre delincuentes, todo lo que ocurrió con Jesús. ¿Crees tú que esta porción del profeta se refiere al Mesías?

---

[23] Según la ley judía el rey debía ser ungido. El término Mesías viene del hebreo Meshíaj que significa "ungido".
[24] Yalkut Shimoní, Isaías: "En aquel momento traerá Di-s a Elías y al Mesías, vendrá con un cántaro de aceite en sus manos, con bastones en sus manos, entonces se reunirá allí todo Israel delante de ellos y la presencia de Di-s estará sobre ellos, los profetas detrás de ellos y un rollo de la Torá a su derecha y los ángeles a su izquierda y los conducirán hasta el valle de Yehoshafat...".
[25] Isaías capítulos 52-53.

[26] Le dije: según una interpretación verídica no se refiere sino al pueblo judío como nación, ya que así lo llaman los profetas repetidas veces: *"Israel, mi siervo..."* (Isaías 41:8), *"Jacob, mi siervo..."* [26].

[27] Dijo fray Paúl: Yo te demostraré que según los propios sabios judíos estos versículos se refieren al Mesías.

[28] Le dije: Es verdad que nuestros sabios, de bendita memoria, en los libros que comentan los relatos

---

[26] Ibíd. 44:1. Los cristianos sostienen que el capítulo 53 de Isaías se refiere a Jesús, como el "siervo sufriente". En realidad, Isaías 53 continua el tema del capitulo 52, describiendo el exilio y redención del pueblo judío. Las profecías están escritas en singular puesto que los judíos (Israel) son considerados como una unidad.

A través de las escrituras, Israel es llamado repetidamente, en singular, "El Siervo de Di-s" (Ver Isaías 43)

Cuando Isaías 53 es leído correctamente se entiende que este hace referencia al pueblo de Israel siendo oprimido por las naciones del mundo.
Este tipo de descripciones son usadas para describir el sufrimiento que del pueblo de Israel (Ver Salmos 44).

interpretan que se refiere al Mesías[27]; pero nunca han declarado que el Mesías sería asesinado por mano de sus enemigos, no encontrarás en ningún libro de los libros de Israel, no en el Talmud y no en relatos, que el Mesías hijo de David será muerto, o que será entregado en manos de sus enemigos o que será enterrado entre delincuentes, e incluso el Mesías que ustedes se hicieron ni siquiera fue enterrado. Yo estoy dispuesto a explicarles la sección del siervo sufriente si desean con una explicación convincente y clara, siendo que no se encuentra en ella que el Mesías ha de ser muerto, como ocurrió con su Mesías. Y no quisieron escuchar.

[29] Dijo Fray Paúl declaró: en el Talmud (Sanhedrín 98a) se declara que Rabí Josué Ben Leví le preguntó a Elías cuándo ha de venir el Mesías, y él le respondió: *"pregúntale al Mesías mismo"*; Rabí Josué le preguntó ¿entonces dónde está?, y Elías le dijo que está en la puerta de Roma entre lo enfermos. Fue allí, lo encontró y le preguntó...

---

[27] Yalkut Shimoní, Isaías ; Tanjuma, Toldot 14.

Si es así, quiere decir que ya ha venido y está en Roma [y sería Jesús, el que gobierna en Roma].

[30] Le respondí: ¡Acaso esto no es una comprobación que aun no ha venido, ya que el sabio le preguntó a Elías cuándo vendrá! Así mismo le preguntó al propio Mesías: "¿cuándo ha de venir el señor...?" Si es así aun no ha venido, aunque según la explicación literal de estos relatos ya ha nacido, sobre lo último yo no creo.

[31] Entonces intervino su majestad el rey: Si es que nació en la época de la destrucción del Templo, debe tener más de mil años y si aun no ha venido, ¿Cómo podrá venir?; ya que no es parte de la naturaleza humana el poder vivir mil años.

[32] Le dije: Ya fijamos las condiciones de la disputa, entre las cuales está el que yo no discutiré contigo y te responderé. No obstante todos sabemos que ya hubo entre los primeros hombres como Adán y Matusalén que vivieron cerca de mil años; Elías y Enoc incluso más que ellos - la vida está en manos de Di-s.

[33] Él preguntó: ¿Dónde está él hoy día?

[34] Le dije: Esto no es parte de la disputa y no te responderé. Puede ser que lo encuentres en los portales de Toledo, si es que envías allí alguno de sus mensajeros. Le dije esto como burlándome de él.

[35] Entonces se retiraron de este lugar y dio el rey tiempo para volver a la disputa el día lunes próximo.

Segundo día: Lunes 23 de Julio de 1263 [En un claustro]

[36] En aquel día se dirigió el rey a unos de los claustros que hay en la ciudad y se reunieron allí casi todas las personas de la ciudad, tanto gentiles como judíos. Estaba en ese lugar el cardenal y todos los sacerdotes y los sabios de las órdenes menores [franciscanos] y los predicadores; entonces se levantó aquel hombre para hablar.

[37] Entonces le dije a su majestad el rey: Mi señor, escúcheme primero. A pesar de mi solicitud, me contestó: ¡Que hable él primero, ya que él es el demandante!.

[38] Le dije: Yo te pido que me dejes aclarar mi opinión sobre el tema del Mesías, después él podrá replicar sobre un tema explicado.

[39] Me levanté y dije: "*Escuchen todos los pueblos*"[28]. Fray Paúl me ha preguntado si el Mesías, sobre el cual hablaron los profetas, ya ha venido y yo le respondí que no. Entonces él me trajo un libro en el cual hay un relato, según este relato en el día que fue destruido el Templo ese mismo día nació el Mesías. Yo le dije que no creía en esto.

Ustedes deben saber que nosotros tenemos tres tipos de libros, uno es el **Tanáj**[29] en la cual todos creemos con fe completa; el segundo tipo se llama **Talmud**, que es una explicación de los mandamientos de

---

[28] Miqueas 1:2.

[29] El Tanáj esta compuesto de la **Torá** (La cual se compone de los libros de Génesis, Éxodo, Levítico, Números y Deuteronomio, es también conocida como El Pentateuco o Los cinco libros de Moisés).

Los Nebiím (se compone de los libros de Josué, Jueces, Samuel, Reyes, Isaías, Jeremías, Ezequiel, Oseas, Joel, Amós, Abdías, Jonás, Miqueas, Nahúm, Habacuc, Sofonías, Hageo, Zacarías y Malaquías. Es también conocido como el libro de los profetas.) y por último los **Ketubím** (se compone de los libros de Salmos, Proverbios, Job, Cantares, Rut, Lamentaciones, Eclesiastés, Ester, Daniel, Esdras, Nehemías y Crónicas. Es también conocido como el libro de los Escritos).

la Torá, ya que en la Torá hay 613 mandamientos y no existe ninguna que no haya sido explicada en el Talmud, nosotros creemos en él con respecto a la explicación de los mandamientos. Tenemos un tercer tipo de libro llamado **Midrash**, es decir "sermones" [o relatos exegéticos], como si el cardenal presente dirigiera un sermón al pueblo y a uno de los concurrentes le pareció bien y lo escribió; este libro aquel que crea en él - está bien, aquel que no crea en él - no daña.

Hay algunos de nuestros sabios que escribieron que el Mesías no nacerá sino hasta una época cercana al momento en que ha de sacarnos del exilio. Por lo tanto no creo en este libro en aquello que declara que el Mesías nació el día de la destrucción del segundo Templo. También nosotros llamamos a este texto (Midrash) **Hagadá**, es decir "racionamiento"[30], cuya definición nos indica que son conceptos que una persona comunica a otra. No obstante yo estoy dispuesto a aceptarla en forma literal, como ustedes quieren, ya que este relato

---

[30] Racionamiento, acción y efecto de racionar.

es una comprobación explícita que Jesús no es el Mesías, como ya les dije, ya que él no nació en aquel día. Es claro por lo tanto que en aquel momento (de la destrucción del Templo), todo el asunto de Jesús había ya pasado mucho tiempo antes.

Tú mi señor, el rey, me preguntaste y me cuestionaste mucho mejor que ellos, ya que no es normal en un ser humano que viva mil años. Ahora responderé a tu pregunta: Adán, el primer hombre, vivió mil años menos setenta[31]; y los versículos declaran en forma explícita que murió a causa de su pecado, y si no hubiera pecado podría haber vivido mucho más o para siempre[32]. Los gentiles y los judíos opinamos que el pecado y el castigo del primer hombre se anularán en la época

---

[31] Génesis 5:5.
[32] Génesis 1:17. La Torá declara en el momento que Di-s advirtió al hombre de no comer del árbol del conocimiento del bien y del mal: "... el día que comas de él, de morir morirás". Najmánides explica que no se refiere a que morirá inmediatamente, como vemos de la propia Escritura, sino que por causa del pecado ha de morir, se desprende de esto que si no hubiera pecado podríamos concluir que hubiera sido inmortal.

mesiánica[33]. Por lo tanto, después que venga el Mesías se anulará la muerte de todos nosotros, pero del Mesías mismo está anulada por completo, si es así es posible que él viva mil años o para siempre; así dice el salmista: *"Vida te pidió y le diste, una vida larga, para siempre"*[34], lo que es claro.

[40] Preguntaste además, mi señor el rey, dónde él [el Mesías] está ahora; los versículos dicen en forma clara que Adán, el primer hombre, vivió en el jardín de Edén que está dentro de la tierra de Israel, y cuando pecó se declara que Di-s lo expulsó del jardín de Edén; por lo tanto, el Mesías que está exento del castigo por el pecado de Adán se encuentra allá en el jardín de Edén. Así dijeron los sabios en los libros de relatos que mencioné.

[41] Entonces preguntó el rey: ¿Acaso no dijeron en aquel relato que él está en Roma?

[42] Le respondí: no se ha dicho que él esté en Roma, sino que se

_____

[33] Éxodo Rabá 30,2 "En los días del Mesías, Di-s destruirá a la muerte"
[34] Salmos 21.

revelará en Roma en algún momento, ya que le dijo Elías a aquel sabio [29] que lo podrá encontrar allá en ese día, que se mostrará allá. Ha de revelarse allá, en Roma, a causa del motivo que se declara en los relatos, pero yo no quiero comentarlo aquí debido a la cantidad de gente que nos rodea. No quise declarar lo que se lee en la Hagadá, que el Mesías estará en Roma hasta destruirla, como encontramos con Moisés, nuestro maestro, que creció en la casa del Faraón hasta que lo castigó y ahogó a todo su pueblo en el mar. Así también se declara con respecto a Jirán, el rey de Tiro: *"Saqué fuego de en medio de ti, el cual te consumió"[35]*. Así también declara Isaías: *"Allí ha de pastar el becerro y allí se echará, sus retoños consumirá"[36]*. En el texto Pirkey Eijalot (6,2) dice: "...*hasta que le diga una persona a otra: anda a Roma y todo lo que hay en ella está a una prutá [moneda mínima], y éste le diga: no me interesa...*". Estas citas se las comenté al rey en privado.

---

[35] Ezequiel 28:18.
[36] Isaías 27:10.

[43] Pregunté y volví a acotar: ¿Ustedes está de acuerdo conmigo que el pecado de Adán, el primer hombre, se anulará en la época mesiánica?

[44] Respondieron mi señor el rey y fray Paúl: Sí. No obstante no como tú opinas, ya que el principio es que todos los seres humanos deberían caer en el infierno como castigo por el pecado, en cambio en días del Mesías Jesús se anulará este castigo y todos saldrán de allí[37].

[45] Yo les dije: En nuestra tierra suelen decir: *"el que quiere mentir que aleje a los testigos..."*. Muchos

---

[37] Según Tomás de Aquino (Suma II-II,163,3) La magnitud del pecado de Adán hizo que el castigo fuese colectivo siendo que toda la humanidad participa de él; por lo tanto la única posibilidad de librarse del infierno consiste en seguir la doctrina de Jesús. Por lo tanto, según su opinión el cumplimiento de los preceptos (la conducta humana que enseña el Tanaj) carece de impotancia, siendo la fe en Jesús la única posibilidad de salvación (Suma I-II,122,1; 114,2). De acuerdo a este dogma si Hitler creía genuinamente en su corazón y aceptaba a Jesús un momento antes de su muerte, entonces él estaría en el cielo mientras que los seis millones de judíos que asesinó, que murieron como judíos, estaría quemándose en el infierno.

castigos están escritos con respecto al pecado de Adán y Eva, la tierra fue maldita a causa de él[38], cardos y espinas ha de producirle[39], con sudor de tu rostro[40], tú eres polvo[41]. Así también con respecto a la mujer, con dolor ha de parir a sus hijos[42]. Todo lo anterior está vigente también hoy en día, todo lo que se ve y se siente no ha sido expiada con la venida de su Mesías; sin embargo el infierno, que no aparece escrito en los versículos, ustedes dicen que expió, además de no haber nadie que pueda contradecirles - envíen a alguno que vaya y nos cuente.

Este argumento de ustedes es impropio para Di-s, ya que los justos no reciben el infierno como castigo del pecado de Adán, el primer hombre, su ascendiente; mi alma está cercana al alma de mi padre como al alma del Faraón, por ende a causa de los pecados del Faraón no entrará mi alma al infierno. No obstante, los castigos

---

[38] Génesis 3:17.
[39] Ibíd. 3:18.
[40] Ibíd. 3:19.
[41] Ibíd. 3:19.
[42] Ibíd. 42:16.

fueron corporales ya que mi cuerpo proviene de mi padre y de mi madre y cuando fue decretado sobre ellos que serían mortales, su descendecia para siempre serían también mortales[43].

[46] Se levantó aquel hombre y me dijo: te traeré otra comprobación que la época del Mesías ya ha pasado.

[47] Le dije: mi señor el rey, escúchame un momento. Para nosotros la esencia de nuestra justicia, verdad y estatutos no radican como principio en el Mesías[44], pues tú eres para mi más

---

[43] El castigo por la conducta humana es propio de cada cual y no colectivo, en cambio las señales físicas del castigo permanecen y están vigentes aun, comprobación de que el Mesías todavía no las ha venido a expiar o eliminar.

[44] En otra obra Najmánides amplia este tema: "Debes saber, con la ayuda de Di-s, que si llegamos a la conclusión que nuestros pecados y los pecados de nuestros padres hicieron que perdamos toda esperanza de liberación, y por lo tanto el destierro se alargaría y continuaría sin fin... todo esto no afecta el principio básico de la Torá, ya que para nosotros no hay otra recompensa sino el mundo venidero y el placer espiritual que alcance nuestra alma en el placer que se denomina el jardín del Edén, siendo que nos habremos salvado del infierno. Sin

fundamental que el Mesías. Tú eres rey y también él es rey. Tú eres un rey gentil y él es rey de Israel, porque el Mesías no es sino un ser humano como tú. Cuando yo sirvo a mi Creador aquí en el destierro con sufrimientos y esclavitud, sometido a la humillación de los pueblos que constantemente nos persiguen, mi recompensa será mayor ya que lo que yo hago con mi propio cuerpo sube delante de Di-s, y por intermedio de ésto amerito cada vez más a recibir el mundo venidero. Pero cuando haya un rey de Israel conforme a las normas de nuestra Torá y que gobierne sobre todos los pueblos, tendré que someterme a las leyes de los judíos forzosamente; en tal caso mi recompensa no será tan grande.

No obstante, el principio fundamental que subyace a la discusión entre los judíos y los cristianos es aquello que ustedes declaran con respecto a la esencia de la Divinidad, algo muy amargo.

---

embargo nosotros seguimos declarando que llegará la redención y liberación, ya que es un punto verdadero sostenido por todos los hombres de Torá y por los profetas..." (Sefer HaGueulá).

Tú, mi señor el rey, cristiano hijo de cristianos, tú escuchaste durante toda tu vida a los sacerdotes [a los frailes menores y a los predicadores] hablar sobre el nacimiento de Jesús, te llenaron tu mente y tus pensamientos de este tema hasta que se volvió parte de ti, todo debido a la repetición. Pero aquello en lo cual ustedes creen, el principio de su religión, es algo que el intelecto humano no comprende, las leyes naturales no aceptan, los profetas jamás hablaron de algo semejante; incluso lo milagroso no puede desarrollarse en este tema, como explicaré con comprobaciones claras en su lugar y a su tiempo. Me refiero a que el Creador del cielo y de la tierra [y de todo lo que contienen] se transforme en un feto en el vientre de una judía y que se desarrolle allí durante nueve meses[45] y que nazca siendo un niño, que después crezca y sea entregado en manos de sus enemigos, que sea juzgado y sentenciado a la pena capital y que luego lo maten, y que después se diga que resucitó y volvió a su primer lugar. Todo lo anterior es impensable para el pensamiento de

---

[45] Otras versiones: siete meses.

cualquier judío y de cualquier ser humano. Ciertamente es un sinsentido que prediquen algo así, ya que esto es el punto central de nuestra discusión. No obstante, si quieren que hablemos sobre el Mesías podemos hacerlo.

[48] Dijo fray Paúl: ¿Tú crees que el Mesías ya ha venido?

[49] Le dije: No. Yo creo y se que aun no ha venido. No hubo ningún hombre jamás que haya dicho y que digan sobre él que es el Mesías fuera de Jesús, y yo no puedo creer en su mesianismo. El profeta declara sobre el Mesías que su reinado se extenderá desde el mar al mar y desde el río hasta los confines de la tierra (Salmos 72:8); en cambio Jesús no tuvo gobierno, por el contrario fue perseguido por sus enemigos y se escondía de ellos, finalmente cayó en sus manos y no tuvo la fuerza de salvarse a si mismo, entonces cómo hemos de pensar que pueda salvar a todo Israel. Además incluso después de su muerte tampoco tuvo poder, ya que el poder del imperio romano no se debió a él. Por el contrario, antes que los romanos creyesen en él,

controlaban la mayor parte del mundo. Sin embargo, después de haber recibido la fe en Jesús perdieron mucho de su poder. Incluso hoy en día, los siervos de Mahoma tienen mucho más poder que ustedes.

El profeta escribe que en la época mesiánica no será necesario que una persona le enseñe a otra el conocimiento sobre Di-s, ya que todos lo reconocerán[46]. La tierra se llenará del conocimiento de Di-s así como las aguas cubren el mar[47], sus espadas han de fundir y los pueblos no se levantarán en armas unos contra otros ni se prepararán para la guerra[48]. Sin embargo, desde los tiempos de Jesús y hasta ahora todo el mundo está lleno de violencia y robo, y los cristianos han derramado sangre más que cualquier otro pueblo sobre la tierra y abundan en inmoralidad. *¡Cuán difícil será para ti, mi señor el rey, y para tus jinetes no prepararse más para la guerra!*

---

[46] Jeremías 31:33-34
[47] Isaías 11:9
[48] Ibíd. 2:4.

El profeta además declara que el Mesías ha de golpear la tierra con el látigo de su palabra[49], sobre lo último se ha explicado en el libro de relatos que tiene fray Paúl: "le dicen al rey Mesías, aquel estado se ha revelado en contra tuya, él dirá que venga la langosta y la destruya; le dirán aquella provincia se ha revelado en contra tuya, entonces él dirá que venga el pulgón y la consuma", todo lo cual no ocurrió con Jesús. Ustedes sus siervos prefieren caballería armada y a veces incluso esto no le es suficiente.

Puedo todavía traer muchas comprobaciones de las palabras de los profetas.

[50] Entonces gritó aquel hombre: Este es siempre su sistema, alargarse en palabras. Pero yo quiero preguntarle.

[51] El rey me dijo: Cállate, porque es él quien pregunta. Y me quedé callado.

[52] Ciertamente [habló aquel hombre] los sabios judíos han dicho

---

[49] Ibíd. 11:4.

sobre el Mesías que es mayor que los ángeles, lo que no puede referirse sino a Jesús quien es el Mesías y deidad al mismo tiempo. Entonces él leyó lo que dijeron en los relatos de los sabios[50] sobre el versículo[51]: *"Elevado, ensalzado y superior..."*, cuya explicación es: "elevado" más que Abraham, "ensalzado" más que Moisés y "superior" más que los ángeles.

[53] Le dije: Nuestros sabios dicen ésto en forma constante de todos los justos, son mayores espiritualmente los justos a los ángeles[52]. Así dijo Moisés, nuestro maestro, al ángel, "en el lugar donde yo me siento, no tienen los ángeles permiso ni siquiera para pararse"[53]. Incluso sobre todo Israel se ha declarado: *"Son queridos Israel más que los ángeles..."*[54].

No obstante, lo que quiso decir el redactor de este relato sobre el Mesías es lo siguiente: Abraham, nuestro patriarca, educó a los

---

[50] Yalkut Shimoní, Isaías 476.
[51] Isaías 52:13.
[52] Sanhedrín 93a.
[53] Sifrí, Nitzabim 308.
[54] Julín 91b.

pueblos de su época en la creencia en la unidad de Di-s, les enseñaba en público su fe, eso le llevó a discutir con Nimrod aunque no tuvo temor de él. Moisés hizo aún mucho mas que él, pues se levantó contra el Faraón, aquel rey poderoso y malvado, y sin compadecerse de él lo golpeó con grandes plagas hasta sacar a Israel de Egipto. Los ángeles se apresuran mucho en todo lo referente a la redención como se declara: *"Mi pueblo no se fortalece en todo ésto [la liberación]como Miguel, el ministro de ellos..."*[55], y se declara además: *"Volveré a luchar contra el ministro de Persia..."*[56]. En cambio el Mesías ha de hacer más que todos los anteriores, *"levantará su corazón para comportarse según las enseñanzas de Di-s..."*[57], él vendrá y le ordenará al Papa y a todos los reyes de los pueblos en Nombre de Di-s: *"Envía a mi pueblo para que me sirva..."*[58]; entonces hará entre ellos muchos y grandes milagros y maravillas y no tendrá miedo de ellos en lo absoluto, él se levantará

---

[55] Daniel 10:21.
[56] Ibíd.
[57] 2 Crónicas 17:6.
[58] Éxodo 8:16.

dentro de la ciudad de Roma hasta que la destruya. Si quieres te explicaré todo el tema. Sin embargo, él no quiso escuchar.

[54] Además aquel hombre leyó otro relato[59] en el cual el Mesías reza por Israel para que Di-s les perdone sus pecados, siendo que él está dispuesto a recibir sufrimientos, no obstante él le pide a Di-s: estoy dispuesto a recibir sufrimientos con la condición que la resurrección ocurra en mis días; no solamente pido esto para los muertos en mi generación, sino para todos los muertos desde Adán hasta ahora; y no solamente para los muertos, sino para todos aquellos que fueron arrojados al mar y se ahogaron o que fueron devorados por las fieras. Por lo tanto, los sufrimientos que recibió sobre él el Mesías se concretaron con la muerte de Jesús, que éste recibió en forma voluntaria.

[55] Le dije: Pobre de aquel que no sé avergüenza. Todo lo que dijiste Jesús nunca lo hizo. No resucitó muertos desde Adán hasta ahora, nada de lo que dijiste él hizo.

---

[59] Midrash de Rabí Moshé Hadarshan.

Además esta oración revela que es un hombre y no Di-s, ya que no tiene el poder de resucitar. Por otro lado, los sufrimientos a los que te referiste[60] no son sino el profundo dolor que siente al demorarse su venida y ver a su pueblo en el destierro, el honor de Di-s pisoteado, la idolatría a la que sirven y a los herejes que hacen de otro el Mesías y lo honran.

[56] Entonces aquel hombre volvió a decir: Daniel declaró: *"Setenta semanas están determinadas sobre tu pueblo y sobre tu santa ciudad, para terminar con el delito, para acabar con el pecado, para expiar la iniquidad, para traer la justicia eterna, para sellar la visión y la profecía, y para ungir el lugar más sagrado"[61]* Y setenta semanas, que son de años, llegan a 490 años, la cantidad de tiempo que estuvo el segundo Templo más los setenta

---

[60] Los sufrimientos del Mesías están mencionados en Yalkut Shimoní, Isaías 476. "Rab Huná en nombre de Rabí Aja: los sufrimientos [por nuestros pecados] se dividen en tres partes, una parte recibirán las generaciones futuras y los patriarcas, otra recibirá la generación que abandone la Torá y otra recibirá el Mesías."

[61] Daniel 9:24.

años del exilio en Babilonia, siendo que el lugar más sagrado representa a Jesús.

[57] Le dije: ¿Acaso Jesús no vivió, según nuestros cálculos, más de treinta semanas antes de esta época? Esto es una evidencia sobre la que atestiguan personas que fueron contemporáneas suyos, e incluso según los cálculos de ustedes vivió unas diez semanas antes de esta fecha[62].

[58] Aquel hombre agregó: Así fue. Pero un versículo que declara *"has de saber, pues, y entender que desde que se pronunció el decreto para restaurar y edificar Jerusalén hasta el Mesías, el príncipe..."[63]*, él es el Mesías, él es el príncipe, él es Jesús.

[59] Le dije: También esto es un error común, porque el versículo divide las setenta semanas que

---

[62] Según lo declarado por los sabios Jesús vivió unos doscientos años antes de la destrucción del segundo templo, lo que da un poco menos de treinta semanas (28.57). Mientras que según ellos nació setenta y tres años antes de la destrucción, lo que da más de diez semanas (10.42).

[63] Ibíd 9:25.

mencionó y cuenta hasta el Mesías siete semanas, después de él cuenta sesenta y dos semanas para la construcción de la ciudad y del pozo [que la rodea] y luego cuenta una semana [la mitad de una semana] para establecer un pacto con muchos pueblos; así se completan las setenta semanas[64]. Y

---

[64] Para poder entender las palabras de Najmánides debemos analizar los versículos mismos, así:

9:24 Setenta semanas están determinadas sobre tu pueblo y sobre tu santa ciudad, para terminar con el delito, para acabar con el pecado, para expiar la iniquidad, para traer la justicia eterna, para el cumplimiento de la visión y la profecía, y para ungir el lugar más sagrado. 9:25 Has de saber, pues, y entender que desde que se pronunció el decreto para restaurar y edificar Jerusalén hasta el Mesías, el príncipe, habrá siete semanas, y sesenta y dos semanas; y volverá a ser edificada la ciudad y el pozo [que la rodea], pero durante una época angustiosa... 9:27 Por una semana él establecerá un pacto con muchos pueblos, y en la mitad de la semana hará cesar los sacrificios y las ofrendas de harina...".

En el versículo 24 se declara un número general setenta semanas [semana se refiere a un lapso de tiempo de siete años, por lo tanto son 490 años, desde la destrucción del primer Templo hasta la destrucción del segundo], después

Jesús que tú denominas Mesías, el príncipe, no vino al cumplirse las setenta semanas, sino después de más de sesenta semanas según tu cálculo. Si quieres explícame toda el tema según tu opinión y yo te refutaré ya que no podrás explicarla jamás de ninguna manera. Me sorprende que hables de algo que no sabes; por eso yo te informaré que

---

Najmánides sostiene que los versículos dividen este número en diferentes periodos:

1) Desde que se destruyó el primer Templo [que desde entonces hubo necesidad de reconstruirlo y como si se pronunció el decreto de reconstrucción] hasta la venida del Mesías pasarán siete semanas [vers. 25], es decir 49 años; el Mesías en cuestión es Zorobabel.

2) Después de él pasarán sesenta y dos semanas durante los cuales la ciudad y el segundo Templo estarán construidos [vers. 25], es decir 434 años, no obstante sabemos que el segundo Templo se mantuvo por 420 años, Najmánides responde en Séfer HaGueulá que los 434 años se refieren a las calles de la ciudad.

3) Luego hay un lapso de una semana y media en el cual el destructor de Jerusalén establecerá un pacto con numerosos pueblos [vers. 27], según Najmánides se trata de Tito quien hizo un pacto con Israel siete años antes de la destrucción.

el Mesías, el príncipe, del que
hablan los versículos es Zorobabel,
el cual vino, como consta de la
Escritura, a las siete semanas[65].

[60] Aquel hombre preguntó:
¿Cómo entonces lo llama la
Escritura "Mesías"?

[61] Le dije: También Ciro es
denominado "Mesías"[66]. También
sobre Abraham, sobre Isaac y sobre
Jacob la Torá declara: *No vayan a
tocar a mis ungidos [Mesías]..."*[67] .
Por este motivo se lo denomina "el
príncipe", ya que no se mantendrá
su reinado [de Zorobabel], aunque

---

[65] Najmánides sostiene aquí y también en Séfer
HaGueulá que el Mesías anunciado en Daniel
es Zorobabel, quien vino 49 años después de la
destrucción del primer Templo. Sin embargo,
el propio Najmánides pregunta que en verdad
Zorobabel vino después de 51 años de la
destrucción, cuando Kóresh [que según la
opinión de Rashí es el Mesías anunciado por
Daniel, Rashi ad loc.] permitió a algunos
desterrados volver a edificar el Templo el año
primero de su reinado [Rashí y Ibn Esdras
sobre el comienzo del libro de Esdras], sobre
esto responde que el mensaje de la profecía fue
decirle a Daniel que no pasarán 49 sin
liberación, es decir no se llegará a la semana
octava sin que haya venido el Mesías, el
príncipe.
[66]   Isaías 45:1. Ver nota 23
[67] Salmos 105:15.

él es honrado y enaltecido dentro de su pueblo, como se declara: *"Los nobles de entre los pueblos se reunieron con el Di-s de Abraham"*[68]. He aquí, te puedo explicar todo el tema detalladamente si quieres tú y sus colegas estudiarlo, o que tú solo tengas inteligencia para comprenderla. Y yo declaro delante de mi señor el rey y delante de todo el público presente: no se encuentra en esta sección, así como en ninguna de las palabras de Daniel, una señal sobre la venida del Mesías sino hasta el final del libro. Ya que así se entiende claramente de los versículos que declaran todo lo que se expresa en esta sección y en otras referentes al mismo tema[69].

Daniel solía rezar constantemente para saber la venida del Mesías, y finalmente le fue revelada la venida del Mesías en el versículo que dice: *"Desde el momento en que será interrumpido el sacrificio diario hasta la desolación de la abominación pasarán mil doscientos noventa días"*[70]. Ahora

---

[68] Salmos 47:9.
[69] Daniel capítulos 7,8 y 9.
[70] Daniel 12:11.

explicaré este versículo delante de todo el público presente aunque resulte difícil para los judíos que están aquí[71]. La Escritura dice que desde el momento en que se interrumpa el sacrificio diario hasta que quede desolada la abominación que lo anuló, es decir el pueblo de Roma que destruyó el Templo, pasarán mil doscientos noventa años. Los "días" mencionados aquí se refieren a años, como lo prueban otros versículos, por ejemplo: *"Por días [años] estará pendiente su liberación"*[72], o *"Cada día [año]..."*[73] o *"Días [años] o diez años..."*[74]. Después Daniel declara: *"Feliz la persona que espera y llega a los días de mil trescientos treinta y cinco"*[75], con esto agregó cuarenta y cinco años. La explicación es que en un primer momento vendrá el Mesías y pondrá a la abominación pagana como una desolación, extirpada del mundo; después ha de reunir a los desterrados de Israel al

---

[71] Tal vez sea difícil para los judíos presentes en la disputa, ya que aleja la fecha de redención en noventa y cinco años más (Kitbey HaNajmánides).
[72] Levítico 25:29.
[73] Éxodo 13:10.
[74] Génesis 24:55.
[75] Daniel 12:12.

desierto de los pueblos como se declara: *"Te conduje al desierto y te hablé al corazón"*[76], entonces traerá a Israel a su tierra del mismo modo que lo hizo Moisés, nuestro maestro, el primer libertador, será este periodo primero de cuarenta y cinco años. Después dejará a Israel en su tierra y estos se alegrarán con Di-s, su Di-s, y con David, su rey. ¡Feliz el que pueda llegar a estos buenos días! Desde la destrucción han transcurrido mil ciento noventa y cinco años; por lo tanto faltan de la cantidad que declaró Daniel noventa y cinco años. Nosotros esperamos que venga el libertador para aquella fecha, ya que esta explicación es correcta y comprensible, siendo lógico confiar en ella[77].

---

[76] Oseas 2:14.

[77] Najmánides consciente de la advertencia que fijaron los sabios "¡Que se infle el espíritu de los que calculan la vendida del Mesías! (Sanhedrín 97b), escribe en Séfer HaGueulá [Kitbey HaRán] "Lo que hemos de decir sobre la vendida del Mesías, son conceptos probables, nada de lo que declaremos es propio de decretarse como necesariamente verdadero y decir sobre ello que es una afirmación absoluta. Nosotros no somos profetas para decir algo así sobre los secretos de Di-s, no obstante esperamos el momento en que venga, y creemos en este principio. De la forma que lo

[62] Respondió fray Paúl: Dijeron los sabios en sus relatos [Hagadá], "Estos cuarenta y cinco días agregados son los cuarenta y cinco días en que se revelará el libertador y se ocultará de ellos"[78]. Así como el primer libertador, Moisés, se reveló y se ocultó de ellos también el último libertador se revelará y se ocultará, por cuanto que mencionaron el término "día", obviamente se refiere a días y no a años.

[63] Le dije: el Midrash ocupó el mismo lenguaje que utilizan los versículos y declaró "cuarenta y cinco días" que son años, como

---

hemos expresado y de las fechas que hemos explicado.

[78] Yalkut Shimoní, Oseas 518. El Midrash declara que la liberación futura será como la primera liberación, así como Moisés se reveló y se ocultó, así también el Mesías se revelará y se ocultará; el lapso de tiempo que estará oculto será de cuarenta y cinco años. Esta cantidad se calcula del siguiente modo: en un versículo dice "*Desde el momento en que será interrumpido el sacrificio diario hasta la desolación de la abominación pasarán mil doscientos noventa días [años]",* mientras que en otro leemos: *"Feliz la persona que espera y llega a los días [años] de mil trescientos treinta y cinco"* (Daniel 12:11-12).

suelen decir los sabios "utilizó el lenguaje del versículo"[79].

[64] Dijo fray Paúl que no existe judío en el mundo que no reconozca que el significado de "día" es "día" realmente, pero éste está cambiando los significados según su voluntad.

[65] Entonces le al gritó el rey y trajeron un judío, el primero que encontraron y le preguntó qué significa *"yom"* en hebreo y él dijo *"día"*.

[66] Le dije: Mi señor el rey, este judío haría bien siendo juez de fray Paúl pero no de mi, porque "día" se dice en el lenguaje de los versículos sobre un *"lapso de tiempo"*, por ejemplo *"en el día que maté a todos los primogénitos..."*[80]. Y en un conjunto de días se dice sobre *"años"*. Aquí en esta sección [Daniel] se refiere a años, lo que era

---

[79] Babá Metziá 2a.

[80] Números 3:13. Los primogénitos fueron muertos de noche, por lo tanto la palabra "día" indica un periodo de tiempo.

Jueces 17:10 "Le dijo Micaía: quédate conmigo y yo seré para ti un padre y un sacerdote además yo te daré diez monedas de plata por día (año)...". Los sabios explican que se refiere al final de cada año.

necesario declarar para finalizar el tema como ya le había dicho el ángel dos veces, *"Finaliza estas palabras y sella el libro hasta el momento del fin, entonces muchos correrán y el entendimiento se incrementará"*[81]. Pero aquí yo hablo sobre conceptos de sabiduría con alguien que no sabe ni entiende, por ende está bien que lo juzguen los ignorantes.

[67] Entonces intervino fray Arnal de Segura: Vean que Jerónimo[82] traduce aquí el término "días"[83] como "los días del pueblo".

[68] Me alegré con lo que él dijo y le repliqué: Pueden ver ustedes de sus palabras que el término "días" no tiene la misma explicación que en el resto de los pasajes, y por lo tanto necesitó interpretarlo. Yo estoy seguro que "los días del pueblo" que mencionó [Jerónimo]

---

[81] Daniel 12:4.

[82] Jerónimo [340-420] Erudito y traductor, nació en Estridón, en los límites de Dalmacia y Panomia, falleció en Belén, Israel. En esta última ciudad se dedicó a la traducción de la Biblia desde su original hebreo al latín; esta versión se conoce como la "Vulgata", siendo la versión oficial de la Iglesia Romana.

[83] Yamim en hebreo.

son "años", así como el pueblo suele decir "muchos días hay desde tal hecho" y se refieren a "años".

[69] Otra vez aquel hombre dijo: He aquí, los sabios de ustedes han dicho que el Mesías entró en el jardín de Edén y así se declara en los relatos [Hagadá]: El Mesías por qué [ingresó al jardín de Edén], porque contempló a sus antepasados que practicaban idolatría, se alejó de sus conductas y sirvió a Di-s, entonces lo puso en el jardín de Edén[84].

[70] Entonces como riéndome de él dije: Esto es una prueba que él era hijo de idólatras, un hombre total. Di-s le recompensó cuando se alejó del comportamiento de sus antepasados y no practicó la idolatría como ellos. ¿Acaso esto se puede decir sobre Di-s mismo? Entonces tomé su libro y leí delante de ellos este relato desde el

---

[84] Dérej Eretz Zutá "Nueve entraron vivos al jardín del Edén y estos son, Janoj Ben Yéred, Elías, el Mesías, Eliézer el siervo de Abraham, Jiram el rey de Tiro, Obed el rey de los etíopes, Yaabetz el hijo de Rabí Judá HaNasí, Batyah la hija del Faraón y Sera la hija de Aser y hay quien dice Rabí Josué Ben Leví".

principio, allí se declara que catorce[85] son los que ingresaron al jardín de Edén estando vivos, y cuenta entre ellos a Sera la hija de Aser y a Batyah, la hija del Faraón. Por lo tanto, si hubiera sido Jesús Di-s como ustedes piensan, no hubiera estado con mujeres en el jardín de Edén, sino su trono sería el cielo y la tierra el asiento de sus pies JALILA (Di-s no lo permita); pero es como ya he dicho, que él [el Mesías] está en el jardín de Edén [en la tierra de Israel], en la morada que era de Adán, el primer hombre, antes de haber pecado, esta es la opinión de los sabios según este relato, lo que es claro.

[71] Entonces se levantó en rey y se retiraron todos.

---

[85] Fuera de la fuente en Dérej Eretz Zutá, se conoce hoy otro documento que menciona a los que entraron al jardín de Edén.

Tercer día: Jueves 26 de Julio de 1263 [en el palacio]

[72] El día jueves siguiente preparó el rey un lugar para la disputa en su palacio, diciendo que quería que se realizara privadamente. Por eso nos ubicamos en la entrada del palacio. Comenzó fray Paúl a proferir banalidades que no tenían ningún sentido y después dijo: Yo traeré un comprobación de un gran sabio de ustedes que como él no han tenido hoy hace cuatrocientos años. Me refiero al maestro Moshé de Egipto[86] y él dijo que el Mesías ha de morir y reinará su hijo después de él, por lo tanto esta opinión contradice lo que dijiste que no morirá como todos los humanos. Y pidió que le traigan el libro Shoftim[87].

---

[86] Se refiere al Rab Moshe ben Maimón conocido como Maimonides

[73] Les dije: En este libro no hay algo así. No obstante, yo reconozco que hay algunos de nuestros sabios que opinan así, como ya expliqué en un principio [39]. La opinión de los relatos conocidos como Hagadá es que él nació el día que fue destruido el Templo y que vivirá para siempre; en cambio la opinión de los sabios que estudian literalmente es que nacerá cerca de la época de la liberación, y que vivirá muchos años y que finalmente morirá rodeado de una gran honra heredando su corona a su hijo. Además yo ya afirmé que en esto creo, ya que no hay diferencia entre este mundo y la época mesiánica, en lo referente a este asunto, sino la anulación del yugo de las naciones sobre Israel[88].

---

[87] Fray Paúl de seguro que había escuchado una idea semejante, pero no supo lo que había escuchado, ya que tal aseveración de Rambam no se encuentra en el libro Shoftim del Mishné Torá, sino en el Tratado sobre la resurrección de los muertos, cap. 6. Allí Rambam declara: "Ya sea en la época del Mesías o antes de él o después de su muerte...". Vemos pues que el Mesías ha de morir como el resto de los seres humanos.

[88] Maimonides declara en el libro Shoftim, Hiljot Melajim : "Los sabios han dicho: no hay entre este mundo y la época mesiánica sino la anulación del yugo de las naciones sobre

[74] Entonces trajeron el libro que había pedido y comenzó a buscar en él y no encontró. Entonces yo tomé el libro de sus manos y declaré: escuchen lo que está escrito en este libro que él trajo; comencé a leer desde el comienzo del capítulo[89]: "El rey Mesías en el futuro se levantará para Israel, construirá el Templo y reunirá a los desterrados de Israel".

[75] Entonces clamó fray Arnal de Segura: ¡Él [Maimonides] miente!

[76] Le dije: ¡Hasta ahora era un sabio que como él no hubo y ahora es un mentiroso!.

[77] El rey lo reprendió y le dijo: No es digno despreciar a los sabios.

[78] Le dije al rey: El no miente, y yo te probaré del Pentateuco y de los Profetas que todo lo que dijo es verdad. El Mesías debe reunir a los desterrados de Israel y a los diseminados de Judá, doce tribus[90]. En cambio el Mesías de ustedes no reunió a nadie, además que no se

_____

Israel..."
[89] Hiljot Melajim 18.
[90] Isaías 43:5-10.

65

presentó en época de destierro. El Mesías debe construir el Templo en Jerusalén[91], en cambio Jesús no hizo en él ni construcción ni destrucción. El Mesías ha de gobernar sobre todos los pueblos[92], en cambio éste

---

[91] Ezequiel 37:26-28.
[92]   Salmos 72:8.

Una lectura clara del Tanáj (Biblia Hebrea) no ofrece apoyo absoluto a las "pruebas" del cristianismo. En la mayoría de los casos todo lo que se necesita es una buena traducción (o mejor aun el hebreo original) y todas estas "pruebas" desaparecen. Así por ejemplo en Salmos 22 dice: *"me han rodeado los perros, una turba de malhechores me ha cercado, **como un león**, están en mis manos y en mis pies".*

"Como un león" en hebreo es KeAri. Sin embargo, los traductores cristianos cambiaron la traducción de la palabra KeAri traduciéndolo como "*Horadaron (perforaron) mis manos y mis pies"* (Salmos 22:16.Versión Reina Valera 1960).

De la misma forma en Isaías 7 traducen "*He aquí que la virgen concebirá, y dará a luz un hijo"* (Isaías 7:14.Versión Reina Valera 1960). Siendo que la palabra hebrea "almá" significa mujer joven y no virgen.

Estas son solamente uno de los muchos ejemplos que los cristianos usan para "probar" que están en lo correcto.

La tarea principal del Mesías es traer al mundo de regreso a Di-s, abolir la guerra, el

no gobernó ni siquiera sobre el suyo propio.

Les leí la sección *"Ocurrirá cuando vengan sobre ti todas estas cosas, la bendición y la maldición*[93] *que he puesto delante de ti"*[94] y el fin de la sección *"Pondrá Di-s, tu Di-s, todas estas maldiciones sobre tus enemigos y sobre los que te odian, sobre aquellos que te persiguen"*[95]. Les expliqué además que **"tus enemigos"** son los cristianos, **"los que te odian"** son los musulmanes, los dos pueblos que nos persiguen. El no respondió nada y todos se retiraron.

---

sufrimiento y la injusticia. Claramente Jesús no cumplió esto.

A fin de evadir el fracaso por parte de Jesús en cumplir las profecías que el Mesías debería cumplir, inventaron la doctrina de la "Segunda Venida" (Hebreos 9:28). Todas las profecías que Jesús no cumplió la primera vez, se supone que van a ser cumplidas la segunda vez. Sin embargo, el Tanáj (Biblia Hebrea) no ofrece ninguna evidencia para sostener el dogma cristiano de una segunda venida.

[93] Toda esta sección de la Torá se refiere a la liberación futura.

[94] Deuteronomio 30:1.

[95] Ibíd. 30:7.

Cuarto día: Viernes 27 de Julio de [en el palacio]

[79] Al otro día, el viernes prepararon una ceremonia en el palacio, el rey estaba sentado en su trono como siempre, su trono estaba frente a la pared. Allí estaban el cardenal y muchos ministros, Giles de Saragón y Pere Bargo, además de mucho público.

[80] Le dije al rey: Ya no deseo discutir más.

[81] Preguntó el rey: ¿Por qué?

[82] Le dije: El público presente es mucho, todos me han pedido y solicitado que ya no siga la disputa, porque tienen temor de estas personas, los predicadores, que infunden miedo sobre todos nosotros. Además, también los sacerdotes más importantes y los

honorables me pedieron que ya no continúe; también algunos de los jinetes de tu palacio, mi señor el rey, me dijeron que yo puedo causar alguna desgracia cuando hablo delante de ellos contra su fe. Fray Paúl de Génova, uno de los doctores de las órdenes menores me aconsejó que esto no es conveniente. También muchas personas de las plazas de la ciudad le dijeron a algunos judíos que no continuara. Pero a pesar que así fue [que los sacerdotes querían que interrumpiera], cuando vieron que el rey se empecinaba en continuar no supieron que decir y estuvieron de acuerdo en seguir. Sobre este punto hablamos mucho hasta que al final declaré que seguiré en la disputa, pero que era justicia que sea yo el que pregunte un día y que sea fray Paúl el que me responda, ya que él me había preguntado por tres días.

[83] Dijo el rey: De todos modos, tu vas a responde, y estuve de acuerdo.

[84] Se levantó aquel hombre y dijo: El Mesías sobre el cual hablaron los profetas, ¿Tú crees que

es un hombre real y [o] un Di-s verdadero?

[85] Le dije: En un comienzo hicimos una condición, de referirnos primero al Mesías si es que vino como ustedes dicen, y después discutir si es Di-s verdadero. Debido a que tú no probaste que ya ha venido, pues te refuté todas las comprobaciones vanas que trajiste. Por lo tanto, tengo razón en mi postura y tú debes traer pruebas, así como ustedes aceptaron; y si no reconocen que tengo razón en mi postura, yo me comprometo a probarla completamente, si es que así lo desean. Después que aclaré que Jesús no es el Mesías, no tienen derecho a pedir que se discuta si el Mesías que en el futuro ha de liberar a Israel es un hombre real u otra cosa.

[86] Dijeron entonces los sabios juristas que estaban allí que tengo razón en lo que digo.

[87] Me dijo el rey: ¡Responde de todas formas!

[88] Le dije: En verdad el Mesías ha de venir y será una hombre real, hijo de un hombre y de una mujer de la unión de ambos como yo. Su ascendencia estará relacionada con el rey David[96], como se declara: *"Una rama brotará del tronco de*

---

[96] Sobre la ascendencia del Mesías dice Rambam (Introd. al Cap. Jélek, Sanhedrín) en el artículo trece de sus principios: "No ha de haber un rey para Israel sino de la familia de David, descendiente de Salomón únicamente y todo el que discute contra esta familia, reniega de la fe en Di-s". R. Judá Aryeh de Modena (Maguén VaJéreb Nirdamim pag. 53) agrega que no existe duda que el Mesías ha de proceder de un descendiente del rey Salomón; así a David le fue comunicado que el pacto divino ha de continuar en su descendencia (2 Samuel 7:12); siendo que recaerá sobre aquel que construya el Templo (Ibíd. 7:13), lo cual realizó Salomón; de tal modo el profeta declara sobre éste último: *"Será fiel tu casa y tu reinado para siempre..."* (Ibíd. 7:15-16). Sin embargo, una de las genealogías de Jesús traídas en los escritos cristianos (Lucas 3:23-38) lo hace descendiente de David por medio de su hijo Nathán, lo cual junto a otras contradicciones hacen muy dudosa la veracidad de tales escritos. Los teólogos cristianos trataron de responder esta interrogante, más aun que en la genealogía traída por Mateo 1:2 se lo hace descender de David por medio de su hijo Salomón, ver Tomás de Aquino (Summa III, q. 31, art. 3) quien guarda silencio sobre este problema.

Isaí, y un vástago de sus raíces dará frutos" (Isaías 11:1). Además está escrito: *"Hasta que venga Shiló"* (Génesis 49:10), se refiere a su hijo, ya que *"Shiló"* proviene de *"Shiliá"* [hebr. Placenta], indicando que nacerá como el resto de los seres humanos dentro de una placenta. Y si hubiese sido engendrado por un espíritu divino no hubiera sido descendiente de Isaí, incluso que hubiera permanecido en el vientre de una mujer de su familia[97], tampoco

---

Adicionalmente si Jesús es producto del nacimiento de una virgen y no tiene un padre humano, consecuentemente no sería del linaje del rey David del cual descenderá el Mesías (se entiende linaje por línea paterna). Por otro lado, si Jesús pertenece al linaje del rey David (como se expresa en Mateo 1), entonces nació producto de un padre biológico, José (descendiente del rey David) y no de la "divina concepción".

[97] Según la opinión de los cristianos, Jesús no nació de una relación natural sino de un efecto que realizó un espíritu sobre su madre Miriam (Tomás de Aquino, Summa III, q. 31. art. 1), según ellos habría tomado su carne de la simiente de David, es decir Miriam. No obstante, como ellos mismos opinan, Miriam no habría participado en la gestación pues no tenía, según sus sabios, menstruación - fenómeno que ocurre como

hubiera heredado ningún reinado, ya que las mujeres no heredan, según la Torá, cuando hay un varón [Babá Batrá 115b], además David sólo tuvo hijos varones.

[89] Entonces él dijo: Hay un salmo que dice: *"Canto de David. Declaró Di-s a mi señor: sientate a mi diestra hasta que ponga a tus enemigos como descanso para tus pies"* (Salmos 110:1) ¿A quién podría denominar el rey David "mi señor" sino a Di-s, y cómo se sienta este "señor" a la derecha de Di-s?

[90] Dijo el rey: Muy bien ha preguntado, pues si hubiera sido el Mesías un hombre real, descendiente del rey David, él no lo hubiera denominado "mi señor". Si yo tubiera un hijo o un nieto de mi familia, incluso que gobierne sobre

---

castigo al pecado de Javá, del cual supestamente ella estaba libre - por ende, Jesús no sería descendiente de David, no por parte de padre (a pesar que las genealogías mencionan al marido de Miriam como descendiente de David) y no por parte de madre [mayor información sobre el tema vid. Maguén VeJéreb de R. Judá Aryeh de Módena]

todo el mundo, nunca lo hubiera denominado "mi señor"; por el contrario hubiese querido que él me llame "mi señor" y que también bese mi mano.

[91] Me di vuelta hacia fray Paúl y le dije: ¿Acaso tú, judío, eres el sabio que encontró esta novedad y renegaste a causa de ella? ¿Acaso tú eres el que le dijo al rey que reuniera sabios judíos para discutir con ellos sobre las novedades que encontraste? ¿Acaso no escucharon esto hasta ahora? ¿Acaso no hay sacerdote y mozalvete que haga a los judíos esta pregunta? Esta pregunta ya es muy anticuada.

[92] El rey me dijo: ¡¡Respóndela!

[93] Le dije: Ahora, escuchen. David, el rey, fue un poeta que compuso los salmos por inspiración divina, y los compuso para que los recitasen delante del altar de Di-s. El mismo no los cantaba, además no le estaba permitido cantarlos ya que es una prohibición para él, sin embargo entregó los salmos a los levitas para que los reciten. Como

era así, compuso los salmos de manera que sea apropiado que el levita los dijese; por lo tanto, si hubiera dicho: *"declaró Di-s a mí..."*, el levita estaría diciendo una mentira, por ende era apropiado que el levita dijese en el Templo: *"declaró Di-s a mi señor, es decir a David, siéntate a mi diestra..."*. Y la razón que le pide sentarse significa que Di-s lo ha de proteger y lo ha de salvar, haciéndolo sobreponerse sobre sus enemigos. Y así fue, pues en cierta ocasión blandió su lanza contra ochocientos y los mató de una sola vez (2 Samuel 23:8).

¿Acaso hay entre los jinetes aquí presentes alguien que pueda realizar tal proeza? Esto es lo que se declara "la diestra de Di-s". Del mismo modo se dice de David, *"Tu diestra me apoyará..."* (Salmos 18:36); así también: *"La diestra de Di-s hace proezas, la diestra de Di-s se eleva..."* (Ibíd. 118:15-16).

Sobre Moisés se ha declarado: *"el que envió su glorioso brazo para estar a la derecha de Moisés..."* (Isaías 63:12); así él mismo dijo cuando fue eliminado el Faraón: "Tu diestra, Di-s, destruyó al enemigo" (Éxodo 15:6). Además que es parte del estilo de los versículos mencionar nombres en lugar de pronombres[98]. Por ejemplo: "Envió Di-s a Yerubaal, a Bedán, a Yiftaj y a Samuel [en vez de a mí]..." (Samuel A 12:11), "mujeres de Lémej [en vez de mías], presten atención a mi declaración" (Génesis 4:38). Y así son también todas las palabras de Moisés, nuestro maestro, en la Torá [99].

_____

[98] Según la opinión de Rambán, las Escrituras suelen utilizar un estilo tal que mencionan nombres personales en lugar de pronombres personales, como ejemplifica más adelante. Del mismo modo explica en su comentario a Éxodo 24:1, allí la Torá declara *A Moisés dijo: ¡Sube hacia Di-s...!"*, simplemente Di-s está hablando con Moisés y por ende habría sido lógico decir "Sube hacia a Mí", por eso Rambán declara ad loc. "Según la explicación simple del versículo a veces se menciona el nombre en lugar del pronombre".

[99] Es decir que escribió la Torá en un estilo impersonal, así declara Rambán en la introducción a su comentario de la Torá: "El motivo de haber sido escrita la Torá de este modo, es decir en tercera persona, de debe a

No obstante, aquí es obligatorio opinar como tú mismo dijiste (var. lec. como ya dije) que los salmos fueron compuestos por medio de inspiración divina, y éstos se refieren a David o a su hijo que está sentado sobre su trono: éste es el Mesías. Así como todo lo referente al período mesiánico se concretó en David, en cierto aspecto, del mismo modo ocurrirá con el Mesías de manera completa. Así la diestra de Di-s sostuvo a David hasta que triunfó sobre los enemigos que tuvo a su alrededor, del mismo modo sostendrá al Mesías hasta que haga de las naciones un banquito para sus pies (Salmos 101:1), pues todas las naciones son sus enemigos, ya que esclavizaron a su pueblo, renegaron de su venida y de su reinado, algunas hicieron otro Mesías. Por lo tanto, lo dicho es apropiado para

---

que la realidad de la Torá antecedió a la creación del mundo. Así también antecedió al nacimiento de nuestro maestro Moisés, como hemos recibido por tradición, la Torá estaba escrita con fuego negro sobre fuego blanco. Por lo tanto, Moisés es como un escriba que copia hechos anteriores y por eso escribió en tercera persona, en estilo impersonal. Pero es verídico y claro que toda la Torá desde "En un comienzo..." hasta "delante de todo Israel" fue transmitida por Di-s a Moisés…"

aquel que recitará el salmo en el Templo, ya sea en días de David o en días del Mesías su hijo, ya que tal salmo se refiere al trono de David y a su reinado.

[94] Respondió fray Paúl: ¿Cómo él puede decir algo así? Sus propios sabios declaran que el salmo se refiere al Mesías, siendo la explicación simple del versículo que él está sentado a la diestra de Di-s. Entonces trajo un relato de los sabios que dice que en el futuro por venir Di-s ha de sentar al Mesías a su diestra y a Abraham a su izquierda[100].

[95] Le respondí: También esto coincide con mi opinión, ya dije que estos relatos se refieren en parte

---

[100] Yalkut Shimoní, Salmos 869. "Canto de David. Declaró Di-s a mi señor: sientate a mi diestra hasta que ponga a tus enemigos como descanso para tus pies" (Tehilim 110:1) … Dijo Rabí Yudán en nombre de Rabí Ajá Bar Janiná [la explicación del versículo es la siguiente]: en el futuro por venir Di-s sentará al rey Mesías a su diestra y a su izquierda sentará a Abraham. Entonces el rostro de Abraham palidecerá y dirá: ¡el hijo de mi hijo se sienta a la diestra y yo a la izquierda! Di-s lo tranquilizará diciendo: el hijo de tu hijo se sentará a la diestra tuya y también Yo me ubicaré a tu diestra".

a David y de modo fundamental al Mesías. Pedí un libro y me lo dieron.

[96] Le respondí: ¡Vean a éste que es un ladrón de ideas! Ya que el relato declara: "en el futuro por venir Di-s sentará al rey Mesías a su diestra y a su izquierda sentará a Abraham. Entonces el rostro de Abraham palidecerá y dirá: ¡el hijo de mi hijo se sienta a la diestra y yo a la izquierda! Di-s lo tranquilizará diciendo…" De lo anterior se desprende que el Mesías no es Di-s y que Jesús no es el Mesías, pues si hubiese sido Di-s Abraham no se hubiera avergonzado de su nieto ni su rostro hubiera palidecido. Del mismo modo, el relato dice "hijo de mi hijo" y no "hijo de mi hija", y Jesús, según como ustedes sostienen, no era descendiente de Abraham en lo absoluto. El hecho de sentarse a la diestra en lo referente al Mesías es como el hecho de sentarse a la izquierda en lo referente a Abraham, ambos son humanos. Por lo tanto, es claro que Jesús no es el Mesías, por cuanto que tal relato declara que "en el

mundo por venir", y los sabios que así lo dicen vivieron después de él casi quinientos años. No obstante, fray Paúl "come la cabeza y la cola y no se avergüenza".

[97] Entonces volvió y trajo un Midrash que declara: "Existe un versículo que dice: *"Anduve entre ellos…"* (Levítico 26:12), los sabios lo ejemplificaron del siguiente modo: un rey salió cierta vez a pasear por sus jardines con uno de sus súbditos, éste estaba temeroso de la presencia del rey; entonces el rey le dijo: ¿por qué te atemorizas?, yo soy como tú. Así Di-s en el futuro por venir ha de pasear con lo justos en el jardín de Edén, los justos lo verán y se impresionarán de él; entonces Di-s les dirá: ¿por qué se impresionan de mí?, Yo soy como ustedes. Puede ser que esto cause que no te tengan temor, por eso el versículo termina diciendo: "Yo seré para ustedes Di-s y ustedes serán para mi un pueblo" (Ibíd.)" (Yalkut Shimoní, BeJukotay 672, con variaciones). Por cuanto que declaró [Di-s] que es como ellos, entonces es posible entender que se refiere a un hombre.

[98] Le respondí: Todo lo que ha declarado, lo ha declarado en contra de su propia opinión, si es que hubiera entendido algo. Este hecho ha de ocurrir en el futuro y ocurrirá en el jardín de Edén. Jesús, no obstante, no caminó con los justos en el jardín de Edén cuando era hombre, sino que huyó casi toda su vida de sus enemigos y de los que lo persiguieron.

Este Midrash es una alegoría, como lo atestigua su encabezado: "los sabios lo ejemplificaron" [lo explicaron alegóricamente], siendo su interpretación que los justos en este mundo no alcanzan a comprender la esencia de la profecía, y no pueden contemplar el brillo de la presencia divina que se denomina "gloria" [en catalán en el original hebreo], como se declara: *"En una visión me daré a conocer a él..."* (Números 12:6), e incluso Moisés, nuestro maestro, en el comienzo de su profecía se impresionó, como se declara: *"Y ocultó Moisés su rostro porque tuvo miedo..."* (Éxodo 3:6). No obstante, en el futuro el alma de los justos estará limpia de todo pecado y de todo defecto y tendrán permiso para contemplar en la "Aspaklaria Meirá"[101] como finalmente lo hizo Moisés, nuestro maestro: *"Habló Di-s con Moisés cara a cara como habla un hombre con su prójimo"* (Ibíd. 33:11)

---

[101] Aspaklaria Meirá, lit. un espejo luminoso. Rashí a Sanhedrín 97b "magnitud de la luz de Di-s".

Rambam, Shemoná Perakim, cap. Séptimo, explica el tema de la Aspaklaria de manera semejante a lo que Najmánides quiere expresar aquí:

Esta Aspaklaria es el nombre de un espejo hecho de un material transparente, como el cristal y el vidrio, como ya explicaremos en el comentario al tratado KELIM כלים "Utensilios" (30:2). La explicación de este tema es la siguiente: se refiere a lo que ya aclaramos en el capítulo segundo, o sea que las virtudes tanto racionales como éticas, y los vicios tanto los vicios de la razón, por ejemplo la necedad, la estupidez, la lerdez; como los (vicios) éticos, por ejemplo: la voluptuosidad, el orgullo, la irascibilidad, el enojo, la petulancia, la codicia y lo parecido a esto, son muchísimos… Estos vicios son las separaciones que interrumpen entre el ser humano y Di-s" Estas separaciones se encuentran en casi todos los profetas, en los cuales alguna conducta hizo que su visión profética no fuera luminosa, salvo en Moisés quien pudo llegar a la Aspaklaria luminoso, siendo que sólo una barrera lo separó de la

Lo que expresa el Midrash: *"Yo soy como ustedes",* es una metáfora, quiso tranquilizarlos para que no tengan miedo, así como no se tienen miedo entre los hombres, siguiendo la expresión del versículo *"como habla un hombre con su prójimo".* Di-s no se transformó en hombre cuando habló con Moisés, sino que es un lenguaje común entre los sabios, como ellos declaran: si cumples mis preceptos, tú eres como yo. Así también es la expresión del versículo: *"Y serán como Di-s que conoce..."* (Génesis 3:5), y del versículo: *"He aquí el hombre ha sido como uno de nosotros..."* (Ibíd. 3:22), y del versículo: *"En aquel día será el débil [fuerte] como David y la casa de David como Di-s"* (Zacarías 12:8)

[99] Nuevamente aquel hombre declaró que en Génesis Rabá (2:4) se ha dicho [sobre el versículo]: *"Un viento de Di-s[102] soplaba sobre la superficie de las aguas"* (Génesis

---

comprensión de Di-s, su humanidad.

[102] "Un viento de Di-s", en el original hebreo " רוח" RUAJ, la palabra "ruaj" significa tanto "viento" como "álito o espíritu", siendo además una de las partes del alma.

1:2) se refiere al espíritu del Mesías. Por ende se desprende que él no es un hombre sino el espíritu de Di-s.

[100] Le respondí: ¡Pobre de aquel que no sabe nada y piensa que es un sabio experto! Allí en el Midrash los sabios agregaron además: *"Un viento de Di-s soplaba...* se refiere al espíritu de Adán, el primer hombre"* ¿Acaso por eso han de decir que es Di-s? Pero éste que no sabe lo que está escrito arriba o abajo en los libros lo único que hace es tergiversar las palabras de Di-s.

No obstante, los sabios que declararon que "se refiere al espíritu del Mesías", explicaron el versículo de manera tal que se conecta con los diferentes reinados [que esclavizarán a Israel[103]], y expresaron que el versículo alude a lo que ocurrirá en el futuro. Así se explica: *"la tierra era vacío..."* (Génesis 1:2) – esto es Babilonia,

---

[103] Meharzo a Génesis Rabá loc. cit. explica que los sabios interpretaron así el versículo debido a que no se menciona en el relato la creación de estas realidades, por lo tanto lo relacionan con la "conducta de la tierra".

como se declara: *"Ví la tierra y estaba completamente vacía...[104]"* (Yirmeyahu - Jeremias 4:23). *"Y desolación..."* – esto es Meda, como se declara: *"Y se asustaron al traer a Hamán...[105]"* (Ester 6:14).

"Y obscuridad..." – esto es Grecia que obcurecieron [entristecieron] los ojos de Israel con sus malos decretos (Midrash)[106].

"Sobre la superficie del abismo..." – esto es el perverso reinado. *"Y un viento de Di-s..."* – esto es el espíritu del Mesías.

¿Con qué mérito "soplaba sobre la superficie de las aguas..."?

Por el mérito del arrepentimiento que se compara al agua (Lamentaciones 2:19)[107].

---

[104] Jeremias profetizo sobre Babilonia que la tierra estaba completamente vacia, por falta de habitantes.

[105]

[106] El Midrash comenta que la ideología de la invasión helénica fue alejar al pueblo de la Torá, tratar de acercarlos a su cultura y de tal modo hacerlos abandonar la cultura de Israel. B. R. 16:4.

[107] Lamentaciones - Eijá 2:19, donde se declara: "Derrama como agua tu corazón", es

El Midrash expresa que han de haber cuatro reinados, el cuarto el dominio de Roma, después del cual vendrá [soplará] el espíritu de Di-s, es decir el Mesías, un hombre lleno de sabiduría y lleno del espíritu de Di-s, como el caso de Betzalel sobre el cual se declara: *"Lo he de llenar de espíritu divino"* (Éxodo 31:50). Así también se declara sobre Josué: *"Josué hijo de Nun, lleno de espíritu de sabiduría"*[108]

Es claro pues que el versículo se refiere al Mesías que ha de venir después del cuarto reinado.

No pude decirle el tema principal del cual habla el Midrash, ya que fue expresado con alusiones y es necesario explicar cada una de las expresiones. Sin embargo, la explicación simple del versículo no se refiere necesariamente a esto aquí o en otros lugares del Midrash Génesis Rabá, como por ejemplo *"Y salió Jacob"* (Génesis 28:10).

_____

decir que el sentimiento de arrepentimiento es descrito como agua que se derrama del corazón.
[108] Deuteronomio 34:9

Sólo yo les expliqué lo anterior para demostrarles que él [fray Paúl] no sabe leer en los libros que trae, ya que se equivocó en la lectura de este Midrash.

[101] Se levantó el rey y junto con él todos se pusieron de pie.

Epílogo: Los sermones en la Sinagoga. (Shabat-El Día Sábado)

[102] Esto es una reseña de toda la disputa. No he alterado nada en favor de mi opinión. Después de esto me presenté delante del rey y él dijo que se quede la disputa tal como ya está, pues no vio a ninguno de sus magistrados que haya alegado de manera tan apropiada como yo he hecho. Luego escuché que el rey y los frailes predicadores tenían la intención de presentarse en el Beit HaKnéset durante Shabat, por lo tanto me quedé en la ciudad

otros ocho días. Cuando vinieron allí para Shabat le respondí al rey de manera apropiada y correcta, ya que él mismo predicó que Jesús era el Mesías.

[103] Entonces me puse de pie y dije: Las palabras de mi señor el rey a mis ojos son nobles y honorables, ya que fueron pronunciadas por un gobernante noble y honorable sin igual en todo el mundo; no obstante, no las alabaré diciendo que son correctas. Yo tengo pruebas claras y argumentos diáfanos como la luz del sol para declarar que la verdad no concuerda con sus palabras. Mas yo no creo prudente discutir con mi señor.

Sin embargo, hay algo que me asombra mucho, lo que nos has hecho escuchar, tratando que creamos que Jesús es el Mesías, el propio Jesús lo declaró delante de nuestros padres y trató de convencerlos de esto y delante de él refutaron su proposición con argumentos suficientes y necesarios. El, según la opinión de ustedes que es Di-s, era el más apto para defender sus palabras, más apto que mi señor el rey. Y si a él no escucharon nuestros padres que lo vieron y lo conocieron, ¿Cómo pretende el rey que escuchemos nosotros su voz, si mi señor no tiene conocimiento de esto sino por leyendas distantes que escuchó de personas que no lo conocieron [a Jesús] y no eran de su propia tierra, a diferencia de nuestros padres que sí lo conocieron?

[104] Después se levantó fray Ramón de Peñaforte y predicó sobre el tema de la trinidad[109] y

---

[109] Trinidad, base de la religión cristiana, según su opinión la divinidad siendo una misma esencia tiene en si tres personas diferentes. Este principio extraño a los primeros años del cristianismo fue introducido dentro de su religión por el concilio de Nicea. El sustento racional de tal principio fue un problema filosófico dentro de los pensadores cristianos, quienes finalmente llegaron a la conclusión que el entendimiento de tal principio sólo es posible por medio de la fe.

R. Judá Aryeh de Módena (Maguén Ve-Jéreb, p. 22) al criticar en profundidad la doctrina de la trinidad cita un fundamento clave dentro del

declaró que la divinidad es la sabiduría, el deseo y el poder[110]. Agregó además, dentro de la Sinagoga, que el maestre [Rambán] había estado de acuerdo en esta definición cuando discutió con fray Paúl en Gerona.

[105] Me puse de pie y dije: ¡Escúchenme y presten atención a

---

pensamiento judío, punto de reflexión donde se apoya mucho del entendimiento de la realidad: "Nuestros grandes sabios (Moré Nebujim I, 50. Séfer HaIkarim III, 25) dijeron que la fe no es una declaración que se hace con la boca, sino un concepto que se dibuja en el alma y que se cree que es fuera del alma así como se dibuja en el alma, por ende no recae [el término fe] sobre algo absurdo a nivel intelectual, aunque recaiga sobre algo absurdo a nivel natural. Así es posible decir y creer que un bastón se convierta en serpiente [absurdo a nivel natural], ya que nuestro intelecto es capaz de dibujarlo; no obstante es imposible creer que un número impar sea par al mismo tiempo ni que la diagonal del cuadrado sea igual a uno de los lados del mismo".

[110] Muchos investigadores, tanto judíos como no judíos, coinciden en que la explicación de la trinidad en los términos que son expresados aquí por no es común encontrarla en los textos teológicos regulares, sino que más bien fue utilizada en los libros misioneros anti-judíos. Séfer HaBitul, p. 48, notas. Según esta opinión, la persona denominada padre sería el poder, la denominada hijo la sabiduría y la denominada espíritu el deseo o voluntad.

mi voz; tanto judíos como gentiles! Me preguntó fray Paúl en Gerona si yo creía en la trinidad. Le pregunté entonces ¿Qué es la trinidad? ¿Acaso son tres cuerpos materiales como el de los hombres que son dioses? Él me dijo que no. ¿Acaso son tres cuerpos sutiles como por ejemplo almas o ángeles? Él me dijo que no. ¿Acaso es un solo cuerpo compuesto de tres, como los cuerpos naturales que están compuestos de los cuatro elementos? Él me dijo que no. Entonces yo le pregunté. ¿Qué es la trinidad? En dijo: la sabiduría, el deseo y el poder. Yo le respondí que estoy dispuesto a aceptar que Di-s es sabio y no tonto, que desea sin sentido [el sentido refleja carencia] y que puede y no es débil.

No obstante, el término trinidad es un completo error, ya que la sabiduría divina no es un accidente [algo fuera de Él mismo], sino que Él y su sabiduría son uno, Él y su deseo son uno, Él y su poder son uno; por lo tanto la sabiduría, el deseo y el poder son todos uno. También si estos fueran accidente no implica que sean tres divinidades ya que sería un ser con tres accidentes. Entonces el rey dijo una metáfora que se la enseñaron los equivocados: que el vino contiene tres atributos: tono, gusto y olor y aún así es uno. Esto último es un completo error ya que el color rojo y el gusto y el olor que hay en el vino son atributos separados que se encuentran en la realidad uno sin el otro, ya que hay rojo, blanco y otros tonos; además lo rojo no es el vino ni el olor ni el gusto, sino que el vino mismo es aquello que llena el vaso. Es decir que es un cuerpo que contiene tres accidentes distintos que en él no representan unidad. Y si pensamos así sobre la Divinidad podremos decir que son cuatro, ya que está Di-s y su sabiduría y su deseo y su poder, es decir cuatro. Podemos además denominarlo cinco, si contamos su vida, ya que en Él la vida es como su sabiduría. De tal modo su definición sería: vive, sabio, desea, puede y Di-s, es decir cinco. Todo esto es un absurdo lógico.

[106] Entonces se levantó fray Paúl y dijo que él creía en la unidad completa de Di-s, pero que aún así

hay tres en El, lo cual es algo muy profundo que incluso los ángeles y demás seres metafísicos no lo conocen.

[107] Entonces le dije: Es algo claro que una persona no puede creer algo que no conoce, si es así tampoco los ángeles creen en la trinidad. Sus colegas se quedaron en silencio.

[108] El rey se puso de pie y todos bajaron de la tebá y se fueron. Al día suguiente me presente delante del rey y él me dijo: "Vuelve a tu ciudad en paz y en tranquilidad" y me obsequió con trescientos dinares y me despedí de él amistosamente[111].

---

[111] El hecho de tal obsequió lo comprueba un documento con fecha 25 de febrero de 1265, donde el rey Jaime reconoce que tiene una deuda de trescientos dinares que dió un comerciente judío de Barcelona, por su pedido, al "maestro de Gerona". Prof. Ber, revista Tarbitz II,2.

"Que Di-s me de el mérito de alcanzar el mundo por venir. Amén"

Rab Moshe ben Najman - Ramban

Le Recomendamos

La Biblia de Israel. Libro de Bereshít - Génesis.

by Uri Trajtmann, Yoram Rovner

"Y escribirás muy claramente en las piedras todas las palabras de esta ley".

(Debarím – Deuteronomio 27:8)

La presente obra tiene por objetivo aclarar el texto bíblico a través de la tradición oral del pueblo de Israel, de modo de facilitar la comprensión y divulgación de la palabra de Dios a toda la humanidad permitiendo el acceso al texto original (entregado en hebreo) y a una traducción fiel de éste. Para lograr este propósito, la estructura del texto cuenta con las siguientes características:

1.- Fidelidad de la traducción al texto original

Para lograr una mejor traducción, hemos revisado el texto Reina - Valera 1960 en concordancia con el texto hebreo original y la tradición oral del pueblo de Israel.

2.- Transliteración de los nombres y lugares bíblicos

Hemos cambiado las versiones españolizadas de los términos bíblicos. De modo de permitir la correcta pronunciación1 de estos agregamos símbolos especiales y acentos para indicar sonidos que no tienen representación en español. Por ejemplo, los nombres Isaac, Jacob han sido traducidos como Itzják y Iaäkób; los lugares Canaán, Hebrón han sido traducidos como Kenaän, Jebrón.

3.- Texto hebreo con puntuación, cantilación y fonética

La presente edición contiene el texto hebreo original vocalizado y con cantilación y bajo éste se encuentra la fonética. Para lograr una mayor comprensión se ha dispuesto el texto hebreo frente al texto español.

4.- Anexos

Estos permiten la profundización de distintas temáticas. Estos incluyen un índice bíblico, árboles genealógicos, mapas y artículos relacionados.

5.- Comentarios

Los comentarios están basados en la tradición oral del pueblo de Israel, la cual fue recibida por Moshéh (Moisés) en el monte Sinai y traspasada hasta nuestros días. Estos se encuentran bajo el texto en español, aclarando la comprensión de los versículos señalados y explicando la etimología de los términos, es decir el origen de ellos en su raíz proveniente de la lengua hebrea.

NOTAS

NOTAS

NOTAS

NOTAS

NOTAS

www.ingramcontent.com/pod-product-compliance
Lightning Source LLC
Chambersburg PA
CBHW032143040426
42449CB00005B/386